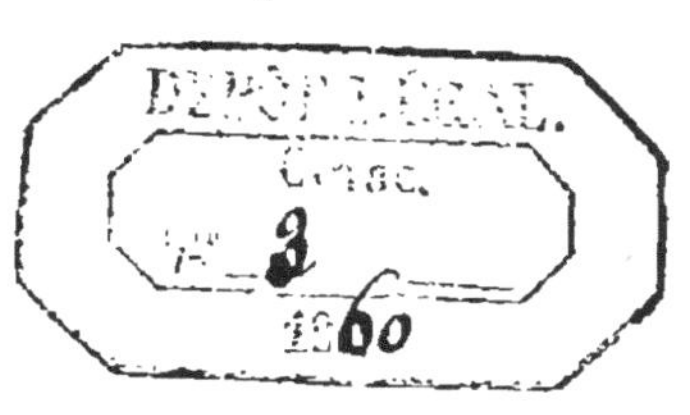

NOTICE BIOGRAPHIQUE

SUR

LE COMTE COLONNA D'ISTRIA.

NOTICE BIOGRAPHIQUE

SUR LE COMTE

COLONNA D'ISTRIA

PREMIER PRÉSIDENT DE LA COUR IMPÉRIALE DE BASTIA,

Commandeur de l'Ordre Impérial de la Légion d'Honneur;

PAR

M. KÆMPFEN

AVOCAT A LA COUR IMPÉRIALE DE PARIS.

BASTIA,

DE L'IMPRIMERIE FABIANI.

—

1860.

IGNACE-ALEXANDRE

COMTE COLONNA D'ISTRIA

PREMIER PRÉSIDENT

Commandeur de l'Ordre Impérial de la Légion d'Honneur.

Le plus bel hommage qu'on puisse rendre à la mémoire de M. le Comte COLONNA D'ISTRIA, c'est de retracer simplement la vie de l'homme excellent, du Magistrat savant et intègre qu'un trépas inattendu a si brusquement ravi à l'amour de ses concitoyens. Il est des existences qu'on aime à raconter, parce qu'elles n'ont pas cessé d'être vouées à l'accomplissement du devoir et à la pratique du bien.

Le Comte IGNACE-ALEXANDRE COLONNA D'ISTRIA naquit à Ajaccio, le 30 Juillet 1782. Le mérite qui devait paraître un jour en lui aurait pu illustrer un nom obscur; il ne fit qu'ajouter à l'éclat d'un nom antique et glorieux. Les COLONNA de Corse descendent du fameux UGO COLONNA qui, au neuvième siècle, enleva l'île aux Sarrasins; ils forment une branche de cette noble famille romaine qui a donné au monde un Pape, à l'Italie des Cardinaux, des Prélats et des Guerriers.

De bonne heure on put remarquer chez ALEXANDRE COLONNA D'ISTRIA les plus heureuses dispositions, une rare vivacité d'esprit et une variété d'aptitudes singulière. Après avoir fait d'excellentes études classiques, il se sentit attiré par la science du Droit et suivit assidûment les cours de la célèbre Université de Pise, où les traditions de la grande École juridique italienne s'étaient conservées.

Mais s'il avait été demander à l'Italie les ressources intellectuelles que la Corse ne pouvait lui offrir, son cœur n'avait pas quitté les lieux où l'attachaient toutes ses affections de famille, tous ses souvenirs d'enfance. C'était parmi ses compatriotes qu'il voulait se faire une place honorée ; aussi, dès qu'il eut pris ses degrés, s'empressa-t-il de venir solliciter son inscription au Barreau d'Ajaccio, où il ne tarda pas à débuter de la façon la plus brillante.

Le jeune Avocat ne se laissa point éblouir par ses premiers succès, et fermement convaincu qu'un travail opiniâtre peut seul former un jurisconsulte, il se livra avec une courageuse ardeur à l'étude approfondie des monuments de la Jurisprudence et à ces recherches souvent arides, sans lesquelles les plus importants problèmes du droit demeurent insolubles.

Nommé, par décret du 25 Janvier 1805, en vertu d'une dispense d'âge, Procureur Impérial près le Tribunal de première instance d'Ajaccio, M. Colonna d'Istria fut, à l'époque de l'organisation de la Cour Impériale, promu à l'emploi d'Avocat Général. Quelques années s'étaient à peine écoulées que le choix du Gouvernement l'appelait, au mois de Décembre 1811, à succéder à M. le Procureur Général Chiappe (*), un des hommes les plus distingués de la Corse,

------

(*) Le fils de M. le Procureur Général Chiappe, Capitaine du Génie, élève de l'École Polytechnique, était Officier d'ordonnance de Napoléon Ier à Waterloo. Il fut au nombre des personnes choisies par l'Empereur pour l'accompagner à Sainte-Hélène. Souffrant encore d'une blessure qu'il avait reçue dans cette bataille suprême, il ne put suivre le Monarque dans sa lointaine prison.

qu'une mort prématurée venait d'enlever et dont il épousa peu après la fille.

M. Colonna d'Istria était âgé de vingt-neuf ans seulement. Cette fois encore il fallut qu'une dispense l'autorisât à exercer les fonctions importantes qui lui étaient confiées.

Un si rapide avancement atteste assez que le Magistrat avait donné des preuves nombreuses de la solidité de son jugement et de l'étendue de ses connaissances : le moment était venu où le citoyen allait montrer à tous l'inébranlable fermeté de son âme et la vivacité de son patriotisme.

Son frère, membre de la Convention Nationale, vota pour l'appel au Peuple, lors du procès de l'iufortuné Louis XVI.... « On parle de courage, dit-il ; s'il en faut dans cette » affaire, c'est bien en prononçant le renvoi au peuple. Je » vote pour *Oui*. » (V. l'ancien *Moniteur*, tom. XV, 161, 172, 217, 254.)

L'Empire s'était écroulé sous les efforts de la coalition. Un des premiers soins de l'Angleterre fut de reprendre un projet auquel les victoires de Napoléon et la nécessité de songer à son propre salut l'avaient contrainte de renoncer. Depuis longtemps ses regards ambitieux s'étaient arrêtés sur la Corse dont la possession lui aurait assuré peut-être la souveraineté de la Méditerranée; pendant deux ans elle avait tenu l'île sous sa domination; l'Empereur abattu, elle se hâta de la ressaisir; une armée anglaise occupa le Pays tout entier.

Le Général Montrésor, nommé Gouverneur, prit, sous la date du 6 Mai 1814, un arrêté portant que la Justice serait rendue au nom de George III, Roi de la Grande Bretagne.

Le lendemain la Cour se réunit : ce fut une séance solennelle. Au milieu d'un profond silence, M. le Procureur Général COLONNA D'ISTRIA se leva, et d'une voix que l'émotion faisait vibrer, il adjura ses collègues de déclarer qu'ils ne pouvaient obéir à l'ordre qui leur était donné. La Cour entra en délibération ; puis elle fit, à l'unanimité, cette déclaration mémorable : « QU'ELLE NE SAURAIT, SANS TRAHIR SON HONNEUR ET SES DEVOIRS LES PLUS SACRÉS, RENDRE LA JUSTICE EN TOUT AUTRE NOM QU'EN CELUI DE S. M. LOUIS XVIII, ROI DES FRANÇAIS.

Le Gouverneur n'ignorait pas la part qu'avait eue M. le Comte COLONNA D'ISTRIA dans la décision prise par sa Compagnie, et pourtant il le nommait, quelques jours après, au poste de Procureur Général près la Cour suprême instituée à Bastia. Certes un pareil choix a de quoi surprendre ; il fallait bien mal connaître l'homme auquel il s'adressait pour espérer ébranler sa fidélité par cette injurieuse faveur, et pour s'imaginer que l'ambition lui ferait oublier ce que sa conscience et le devoir lui commandaient.

Le Comte Colonna, en refusant la dignité qui lui était conférée, écrivit au Général Montrésor une lettre dans laquelle il ne craignit pas de déclarer que la Corse continuait à faire partie intégrante de la France, et que le seul Roi des Français avait le droit de nommer aux emplois publics.

Quand on relit ces courageuses paroles, les noms d'Achille de Harlay et de Mathieu Molé reviennent à l'esprit. Celui qui tenait un si noble langage n'avait pas besoin, d'ailleurs, pour se montrer le digne émule de ces grands Magistrats qui vivront éternellement dans l'histoire, de s'inspirer de leur souvenir ; il n'avait qu'à suivre les mouvements de son propre cœur.

Au mois de Juin suivant, la France reprit possession de la Corse, et le Général Milet de Mureau, commissaire extraordinaire du Roi, loua publiquement la conduite du Comte Colonna, qui, maintenu en 1816 dans ses fonctions de Procureur Général, les exerça jusqu'en 1818.

A cette époque, le Gouvernement ayant résolu, par des considérations dont nous n'avons pas à discuter la valeur, de ne plus donner à des Corses les premières places de la Magistrature et de l'Administration dans l'île, M. Colonna d'Istria alla occuper à la Cour Royale de Nîmes un siége de Président de chambre.

Cinq ans plus tard, le pouvoir étant revenu sur sa détermination, l'éminent Magistrat fut rendu à ses compatriotes. Une ordonnance Royale l'élevait aux fonctions de Premier Président. Il était depuis 1821 Chevalier de la Légion d'honneur. En 1825, le Roi le confirma dans le titre de Comte que portaient ses ancêtres.

Au mois de Juin 1830, les électeurs des divers colléges du Royaume furent réunis, afin de procéder à l'élection des membres de la Chambre des Députés.

Le dévouement constant de M. le Comte Colonna d'Istria aux intérêts de son pays, la connaissance qu'il avait des besoins de l'île le désignaient au choix de ses concitoyens : il fut élu.

Le *Moniteur* annonça le résultat du scrutin le jour même où il publiait les fameuses ordonnances. Le lendemain la révolution éclatait et le Roi Charles X prenait le chemin de l'exil. Peu de temps après, la Chambre annulait les élections de la Corse.

Les événements fermaient, cette fois, la vie parlementaire à M. le Comte Colonna : il se résigna sans peine à rester ce qu'il était. Quinze ans plus tard, il dépendit de lui d'entrer, avec une situation considérable, dans cette carrière politique qui tente beaucoup d'ambitions : il ne le voulut pas.

C'était en 1845. Le Premier Président de la Cour de Bastia comptait quarante années de Magistrature. Les importants services qu'il avait rendus avaient été appréciés par le pouvoir d'alors ; une grande récompense lui était due, on songea à la lui donner. M. Martin du Nord, Garde des Sceaux, chargea M. le Procureur Général Decous d'annoncer confidentiellement au Comte COLONNA que le Roi Louis-Philippe était dans l'intention de l'appeler à la Cour de Cassation et à la Chambre des Pairs. On n'attendait plus que son agrément pour publier les ordonnances de nomination.

M. le Comte COLONNA D'ISTRIA fut profondément touché de l'insigne honneur dont on le jugeait digne. Son premier mouvement fut d'accepter ce qui lui était si délicatement offert. Mais accepter, c'était quitter ce poste qu'il occupait alors depuis vingt-deux ans, et dans lequel il avait la conscience d'avoir fait et de pouvoir faire encore le bien ; c'était se séparer de Collègues bien aimés qui l'entouraient de respect, de confiance et d'affection ; c'était rompre avec les douces habitudes de toute sa vie, et briser mille liens dont il sentit alors plus que jamais la force ; c'était enfin s'exiler du pays natal : le courage lui manqua. Il comprenait d'ailleurs qu'il était plus utile en Corse qu'il n'aurait pu l'être ailleurs : il n'en fallait pas davantage pour le déterminer à se refuser aux dignités qui venaient à lui. M. le Comte COLONNA D'ISTRIA renonça donc à la Cour de Cassation et à la Pairie, et peut-être fut-il le seul à ne pas s'apercevoir qu'il faisait un sacrifice.

Il continua à se consacrer à la bonne administration de la Justice, soumettant les affaires dont il avait à connaître au plus scrupuleux examen, éclairant les délibérations des vives lumières de son expérience, et rédigeant des arrêts qui sont des modèles de concision et de clarté.

Lorsque fut publié le décret qui rendait obligatoire la retraite des Magistrats septuagénaires des Cours d'Appel, M. le Premier Président COLONNA était le Doyen de la Magistrature française dont il faisait partie depuis près d'un demi-siècle.

Était-ce une sage mesure celle qui portait une atteinte si grave à un principe auquel les gouvernements qui s'étaient succédé en France depuis cinquante ans n'avaient pas touché? Il est permis de le nier. « Lorsque l'inamovibilité, di-
» sait M. le Garde des Sceaux Abbatucci, dans
» son rapport à l'Empereur, cesse de protéger
» le justiciable pour protéger exclusivement la
» personne du Juge, elle cesse d'être un bien-
» fait. » Cela est vrai. Mais est-il vrai que l'inamovibilité cesse de protéger le justiciable, lors-

qu'elle laisse sur son siége le Magistrat blanchi dans la pratique de la Justice, à qui les longues années passées dans l'étude et dans l'application de la loi en ont rendu l'intelligence plus prompte et plus nette? L'expérience est-elle de si peu d'utilité pour la solution des procès, qu'on puisse sans inconvénient la bannir des Tribunaux? Quoique ait paru le croire l'honorable Ministre que le pays regrette, il est rare que l'âge et la lassitude détruisent et énervent l'amour du devoir et la notion précise du juste et de l'injuste. C'est manquer de respect à la vieillesse que de la représenter comme impuissante pour faire le bien, comme incapable de discerner le vrai.

Le 30 Juillet 1852, quelques mois après la promulgation du décret, M. le Comte Colonna d'Istria atteignit sa soixante-dixième année. Il était dans la pleine possession de ses forces physiques et de ses facultés intellectuelles; jamais

il n'avait, dans le cours de sa laborieuse carrière, déployé plus d'activité, ni rempli avec plus
de zèle et d'exactitude les obligations de sa char-
ge. Il suffisait d'entendre un moment sa parole
nette et ferme, de rencontrer son regard vif et
doux, illuminant des traits réguliers et fins, em-
preints de grâce sérieuse et de noblesse bien-
veillante, pour apprécier tout ce qu'il y avait
encore en lui de vigueur d'esprit et de jeunesse
de cœur.

Le Gouvernement, ne voulant pas se priver
de services dont il connaissait la valeur, parut
ignorer que l'heure de la retraite avait sonné
pour l'éminent Magistrat, et il le maintint dans
ses fonctions. M. Colonna d'Istria, quoiqu'il se
sentit fort honoré d'une telle marque d'estime,
ne crut pas devoir accepter la situation excep-
tionnelle qui lui était faite; il demanda que la
loi commune lui fût appliquée et provoqua la

nomination de son successeur. On le vit solliciter pour la première fois de sa vie : solliciteur étrange qui mettait à repousser une faveur l'empressement que d'autres mettent à l'implorer.

C'est au bout de dix-sept mois seulement que ses vœux furent réalisés. Le 22 Décembre 1853, le même décret appela M. Calmètes à la Présidence de la Cour Impériale de Bastia, admit M. le Comte Colonna d'Istria à faire valoir ses droits à la retraite, et le nomma Premier Président honoraire.

Le jour où le vénérable Magistrat descendit du siége dont il avait monté les premiers degrés sous Napoléon le Grand, fut un jour d'émotion pénible pour l'île tout entière. C'est que personne n'avait fait du pouvoir un plus noble usage que le Comte Colonna d'Istria. Il n'avait eu, pendant près de cinquante années, d'autres pré-

occupations que celle des intérêts de tous, d'autre passion que celle du bien public.

L'ancien Premier Président fit ses adieux
à ses Collègues dans une lettre touchante.
La Cour, après avoir décidé que cette lettre
serait inscrite sur ses registres, alla en corps
présenter sa réponse à M. le Comte COLONNA
D'ISTRIA.

Les membres du Barreau s'étaient rendus,
dès le 6 Janvier 1854, auprès de celui dont ils
avaient éprouvé la constante bienveillance, et le
Bâtonnier s'était fait l'éloquent interprète des
sentiments de l'Ordre.

Les Autorités civiles et militaires vinrent, à
leur tour, offrir à M. le Comte COLONNA D'ISTRIA
le tribut de leurs regrets.

Enfin la presse du pays n'eut qu'une voix
pour honorer le Magistrat qui résignait la haute
fonction qu'il avait si longtemps exercée, avec

la sérénité et la dignité qui sont l'apanage des âmes vraiment grandes.

A l'occasion de sa nomination au grade de Commandeur de la Légion d'Honneur, distinction qui lui fut accordée sur l'initiative toute spontanée de M. le Premier Président Calmètes, des hommages non moins nombreux, non moins empressés vinrent chercher M. le Comte Colonna d'Istria dans sa retraite, et la Cour impériale de Bastia se rendit en corps auprès de lui, pour le féliciter par l'organe de M. Stefanini, Président de Chambre.

Depuis le jour où le Chef vénéré de la Magistrature Corse rentra dans la vie privée, il appartint tout entier aux affections et aux joies de la famille. Pour les caractères médiocres, l'obscurité succédant à l'éclat d'une existence publique est un supplice insupportable; mais l'ombre du foyer avait pour la modestie de M. Colonna d'Istria un charme singulier. Le Magistrat ne dédaigna pas le rôle de Père de famille exact et vigilant; il se plut à consacrer aux humbles affaires domestiques l'activité qu'il apportait naguères dans l'administration de la justice, content de présider sa maison après avoir présidé une des Cours de l'Empire.

Ceux qui l'aimaient espéraient vivre longtemps sous cette autorité douce et respectée. Leurs vœux, hélas! devaient être cruellement déçus.

Dans les derniers jours du mois de Février 1859, le Comte Colonna d'Istria fut atteint d'un mal subit qui inspira tout d'abord des inquiétudes très vives. Les soins les plus tendres et les plus éclairés lui furent en vain prodigués; il succomba, le 1er Mars, à une affection aiguë du cœur.

Sa mort fut véritablement un malheur public, et lorsque la nouvelle s'en répandit, toute la

Corse s'associa à la douleur de ceux qu'unissaient les liens du sang à l'homme illustre qui n'était plus.

La dépouille mortelle du Comte Colonna d'Istria fut transportée à Ajaccio et déposée dans une sépulture de famille. Une foule innombrable d'hommes du monde, de fonctionnaires, d'ouvriers de la ville et de la campagne suivit le deuil que menaient les deux fils du défunt.

M. Colonna d'Istria n'avait voulu aucun bruit autour de son cercueil; il avait exprimé le désir d'être conduit sans appareil à sa dernière demeure; mais, si les regrets et les larmes des vivants sont la véritable pompe des funérailles, jamais plus magnifiques honneurs ne furent rendus à une tombe.

Lorsque ceux dont l'unique et constante passion a été celle du bien sont frappés par la mort, leurs vertus, la plus noble partie d'eux-mêmes, leur survivent. Il n'est pas d'homme dont la postérité ait pu dire avec plus de raison qu'elle ne le dira du Comte COLONNA D'ISTRIA : *Il n'est pas mort tout entier.*

Paris. Mars 1859.

A. KÆMPFEN,

Avocat à la Cour Impériale de Paris.

EXTRAIT

DU REGISTRE DES DÉLIBÉRATIONS DU CONSEIL DE L'ORDRE

DES AVOCATS A LA COUR IMPÉRIALE DE BASTIA.

L'an mil huit cent cinquante-neuf, le trente-et-un Mars, à Bastia ;

Le Conseil de l'Ordre des Avocats à la Cour Impériale de Bastia, à l'issue du service funèbre célébré dans la chapelle du Palais de Justice, en commémoration de la mort de M. le Comte Colonna d'Istria, Premier Président honoraire de cette Cour Impériale, s'est assemblé dans la salle de la bibliothèque, sur la convocation et sous la présidence de M. Ajaccio, Bâtonnier.

Étaient présents : MM. Graziani, Doyen et ancien Bâtonnier, Ollagnier, Gavini, et Orsini, secrétaire.

M. Graziani expose :

« Que M. le Comte Colonna d'Istria, successivement Procureur Général et Premier Président de la Cour Impériale de Bastia, a constamment honoré le Barreau de ce ressort de sa haute et sympathique bienveillance;

» Que, de son côté, le Barreau a toujours été animé envers ce digne Chef de notre Magistrature d'une vénération et d'un dévouement inaltérables;

» Que chacun des membres de ce Barreau avait ressenti la plus vive douleur au moment où M. le Comte Colonna d'Istria, jouissant encore de toute l'énergie de son caractère, de la vigueur de son intelligence et de la supériorité de son savoir, fut admis à l'honorariat;

» En conséquence il propose que, pour transmettre un souvenir si précieux et si cher au Barreau, et pour perpétuer sous une forme visible et permanente ses hommages pour une mémoire vénérée, le Conseil délibère sur la convenance qu'il y aurait de statuer que l'effigie de M. le Premier Président Colonna d'Istria soit placée dans la salle de la bibliothèque de l'Ordre. »

M. le Bâtonnier appuie la proposition de M. Graziani et il ajoute :

« Qu'il se serait fait un devoir religieux d'exprimer solennellement les sentiments du Barreau envers l'illustre défunt; mais qu'il a dû respecter la volonté de M. le Comte Colonna

D'Istria qui avait défendu qu'on lui rendît les honneurs attachés à son rang et à sa dignité; »

En conséquence il propose :

« Que l'éloge de cet éminent Magistrat soit prononcé à la plus prochaine réunion de l'Ordre, et que le Membre qui en sera chargé doive s'appliquer plus particulièrement à considérer M. le Comte Colonna d'Istria comme orateur, et à faire ressortir l'excellence des rapports qu'il conserva avec le Barreau, depuis son entrée dans la Magistrature. »

Après avoir délibéré sur les deux propositions qui précèdent,

Le Conseil arrête, à l'unanimité :

1° Que le portrait de M. le Premier Président Comte Colonna d'Istria sera placé dans la salle de la bibliothèque de l'Ordre;

2° Que son éloge, soit comme orateur, soit au point de vue de ses rapports avec le Barreau comme Magistrat, sera prononcé en assemblée générale, le jour de l'inauguration de son effigie ;

3° Que copie de la présente délibération sera remise, par M. le Bâtonnier, à la famille de feu M. le Comte COLONNA D'ISTRIA, auprès de laquelle il voudra bien être l'interprète des sentiments de l'Ordre.

Ainsi fait et délibéré les jour, mois et an que dessus.

Signés à la minute : AJACCIO, *bâtonnier*.

GRAZIANI, *doyen*.

OLLAGNIER.

GAVINI.

ORSINI, *secrétaire*.